KARL NEEF

KLEINE NASCHEREIEN

Gebäck zum Tee
Plätzchen & Pralinen

Konditorrezepte zum Selbermachen

© Walter Hädecke Verlag, Weil der Stadt.

Nachdruck, auch auszugsweise, nur mit Genehmigung des Verlages. Alle Rechte vorbehalten, insbesondere die der Übersetzung, der Übertragung durch Bild- oder Tonträger und der Speicherung in Datensystemen. Auch die unerlaubte Fotokopie verstößt gegen das Urheberrecht und ist strafbar.

Fotos: Bruno Hausch, München.
Foodstyling: Ingrid Neef.
Satz: Fotosatz Schradi GmbH, Tiefenbronn (Lehningen).
Druck: Ernst Uhl, Radolfzell.
Reproduktionen: Neue SKS-Repro GmbH, Pliezhausen.
Printed in Germany 1994.

ISBN 3-7750-0261-8

Inhaltsverzeichnis

	Vorwort	7
Gebäck zum Tee	Petits fours	10
	Zitronenschiffchen	12
	Linzer Schnitte	14
	Früchte-Tartes	15
	Mohn- und Nuß-Beugel	18
	Reichenhaller Hörnchen	20
	Schokoladenmousse-Überraschung	22
	Eierlikör-Törtchen	24
	Kronsbeertaschen	26
	Mini-Windbeutel	28
	Kirschmandeltörtchen	30
	Kirschröllchen	32
	Salzburger Nußroulade	34
Plätzchen	Liebesbriefe	36
	Spitzbuben	38
	Mandelblätter	40
	Müsli-Taler	42
	Orientalische Florentinerschnitten	44
	Nußküßchen	46
	Naschkatzenplätzchen	48
	Schweinsöhrchen	50

Inhaltsverzeichnis

Pralinen

Verdi-Kirschen	52
Süße Spiegeleier	54
Walnuß-Buttermarzipan-Pralinen	56
Betthupferl-Nüßchen	58
Pilatusspitzen	60
Himmel und Hölle	62
Nuß-Trauben-Pastete	64
Kirsch-Walnuß-Pastete	66
Geburtstagstörtchen	68

Liebe Leserinnen, liebe Leser

Kleine Naschereien mit großem Effekt

Die kleinen Überraschungen sind oft die schönsten. Und dazu sollen die Naschereien zählen, die ich mir für Sie ausgedacht habe – als Betthupferl, als Abschluß eines Menüs, zum Espresso oder für Ihre Freunde und Freundinnen zum Nachmittagstee – verführerisch, ein bißchen extravagant, zart und süß, um anderen, aber auch sich selbst eine Freude zu bereiten. Das war der Leitgedanke für dieses Buch.
Es umfaßt drei Gruppen: Pralinen, Plätzchen und Gebäck zum Tee.
Die Praline war und ist schon immer die Krönung und das Aushängeschild des Konditors. Sie ist arbeitsaufwendig, variabel, und hat etwas sehr Verlockendes an sich. Die Zutaten sollten grundsätzlich vom Besten sein. Die Variationsmöglichkeiten sind unbegrenzt. Nach einigem Probieren werden Sie sicher Ihre Lieblingspraline gefunden haben oder nach Ihrem eigenen Geschmack das Innenleben dieser kleinen Köstlichkeit verändern. Die Haltbarkeit möchte ich auf höchstens drei Wochen begrenzen, was selten ein Problem ist – aus ganz menschlichen Motiven halten sich Pralinenvorräte fast nie so lange... Nach dieser Zeit bauen sich die Qualität und der Geschmack sehr stark ab. Pralinen sind kühl aufzubewahren, aber nicht im Kühlschrank.
Eine Mengenangabe für die Kuvertüre zum Überziehen der Pralinen ist schwierig. Zwischen der aufgelösten und tatsächlich verwendeten Kuvertüre besteht ein Unterschied, da jede Praline in eine ausreichende Menge getaucht werden sollte. Die Kuvertüre kann aber immer wieder verwendet werden, da sie über viele Monate haltbar ist. Daher ist es nicht schlimm, wenn Sie zuviel davon eingekauft haben und etwas übrig bleibt.
Die Zubereitung der Trüffelcreme lohnt sich nur in größerer Menge. Bei kleinen Mengenangaben im Rezept empfehle ich Ihnen, mehr zu kochen und den Rest einzufrieren.

Auch die Plätzchen sind enorm vielfältig und bieten Ihrer Phantasie viel Raum für eigene Kreativität. Mit einem guten Grundteig haben Sie schon halb gewonnen. Kaufen Sie die besten Zutaten und vor allem frische Butter. Jeder Teig läßt sich ungebacken, gut verpackt, ohne Qualitätsverlust einfrieren. Den tiefgefrorenen Teig nehmen Sie aus dem Tiefkühlfach. Nach kurzer Zeit können Sie ihn wie gewohnt aufarbeiten und somit immer kleine Mengen frisch backen. Die Haltbarkeit der Plätzchen begrenzt sich auf acht bis zehn Tage.

Das Gebäck zum Tee wird stets frisch zubereitet oder am Tag vor dem Verzehr hergestellt. Einige Gebäcksorten kann man – ohne Glasur! – gut einfrieren und größere Mengen vorbereiten. Beachten Sie die Hinweise bei den Rezepten.

Bei manchen Rezepten bleiben notgedrungen Eiweiß oder Eigelb übrig. Sie können sie in der Küche weiterverarbeiten, z. B. für Nudeln, Spätzle oder Baiser.

Die angegebenen Backzeiten betrachten Sie bitte nur als Richtlinien, da jeder Herd unterschiedlich bäckt. Ich bin sicher, Sie werden keine Probleme haben, wenn Sie wie gewohnt backen.

Auch dieses Mal stand mir wieder meine Frau Ingrid mit Rat und Tat zur Seite, und Bruno Hausch setzte mit seinem meisterlichen Können alles ins rechte Licht. Bei beiden bedanke ich mich herzlich.

Ich wünsche Ihnen viel Freude und viel Genuß mit den kleinen Naschereien.

Ihr
Karl Neef   Nürnberg, im September 1994

Petits Fours

Zutaten:
5 Eigelb
110 g Rohmarzipanmasse
1 Eßl. Wasser
50 g Zucker
5 Eiweiß
80 g Zucker
75 g Mehl
80 g Stärkepuder
110 g Butter, flüssig

Zum Füllen und Bestreichen:
450 g Aprikosenkonfitüre

Zum Eindecken:
200 g Marzipan

Zum Überziehen:
ca. 1200 g Aprikosenkonfitüre*
ca. 1500 g Fondant*

Ergibt 40 Stück
Blechgröße 32 cm x 39 cm
Backzeit:
Elektro 180° C, 15 Minuten
Umluft 170° C,
13–14 Minuten
Gas Stufe 2–3, 15 Minuten

*Eine genaue Gewichtsangabe für Aprikosenkonfitüre und Fondant ist schwierig, da durch das Übergießen immer ein Rest übrig bleibt.

Mit der Küchenmaschine Eigelb, Marzipanrohmasse, Wasser und Zucker schaumig rühren. Eiweiß und Zucker zu Schnee schlagen. Beide Massen zusammengeben. Mit dem Kochlöffel Mehl und Stärkepuder, zum Schluß die flüssige Butter unterarbeiten. Die Masse auf das mit Backtrennpapier belegte Backblech geben und glattstreichen. Ins untere Drittel des vorgeheizten Ofens schieben und goldgelb backen.

Nach dem Auskühlen das Biskuit in drei Teile schneiden. Dünn mit Aprikosenkonfitüre bestreichen und zusammensetzen. Backtrennpapier oben auflegen und z. B. mit einer flachen Platte beschweren, dadurch wird das Biskuit etwas kompakter für die Weiterverarbeitung.

Nach ca. 1/2 Stunde die Oberseite dünn mit Konfitüre bestreichen. Das Marzipan ausrollen und die Kapsel damit abdecken. Verschiedene Formen schneiden oder ausstechen (Größe ca. 3 cm x 3 cm). Die Petits fours mit kleinem Abstand auf ein Kuchengitter setzen, das auf einem Auffangblech steht. Aprikosenkonfitüre mit einigen Tropfen Wasser aufkochen. Mit einem Löffel die heiße Konfitüre über die Petits fours gießen.

Den Fondant auf Blutwärme bringen, je nach Wunsch mit Lebensmittelfarbe abtönen und mit Wasser verdünnen, bis er dünnflüssig ist. Das Kuchengitter auf ein frisches Auffangblech stellen. Mit einem Löffel die aprikotierten Stücke übergießen. Den abgelaufenen Fondant zurück in die Kasserolle geben, wieder erwärmen und weiterverarbeiten.

Wegen des dünnen Überzugs aus Aprikosenkonfitüre bleiben die Stücke saftiger und der Fondant behält einen schönen Glanz.

Petits fours können auch mit Kuvertüre überzogen werden. Dies geschieht nach dem Zuschneiden bzw. Ausstechen, also ohne jede andere Glasur.

Mit Blumen, Spritzglasur oder Marzipan verzieren.
Petits fours sind ca. 8 Tage haltbar.

Zitronenschiffchen

Zutaten:
200 g Blätterteig

Füllung:
100 g Butter
100 g Zucker
100 g Marzipanrohmasse
Schale von zwei Zitronen, abgerieben
Saft von einer Zitrone
1 Ei
1 Eigelb
1/4 Tasse Milch
100 g Mehl

Für die Glasur:
150 g Puderzucker
Saft von einer Zitrone

Ergibt 12 Stück
Backzeiten:
Elektro 180° C, 18 Minuten
Gas Stufe 2–3, 18 Minuten
Umluft 170° C, 16 Minuten

Fertig gekauften, tiefgekühlten Blätterteig auftauen lassen. Diesen dünn ausrollen und Schiffchen- bzw. Tortelettformen damit auslegen. Mit einer Gabel den Teig mehrmals in der Form einstechen, damit er keine Blasen bildet und die Masse nicht ausläuft.
Zimmerwarme Butter in eine Schüssel geben und mit der Küchenmaschine glattrühren. Zucker, Rohmarzipanmasse und das Abgeriebene von zwei Zitronen, sowie den Zitronensaft zugeben und zusammen schaumig rühren. Abwechselnd Eier, Eigelb, Milch und Mehl zugeben und kurz glattrühren. Mit einem Spritzbeutel die Förmchen gleichmäßig füllen.
Den restlichen Blätterteig dünn ausrollen, mit einem Teigrädchen schmale Streifen schneiden und über die Masse legen.
In den vorgeheizten Ofen schieben und auf der untersten Schiene, damit der Blätterteig gut durchbäckt, goldgelb backen. Noch warm aus den Förmchen nehmen.
Puderzucker mit dem Zitronensaft und evtl. etwas Wasser zu einem Brei anrühren und auf der Feuerstelle erwärmen. Die Törtchen mit einem Pinsel glasieren.
Das Gebäck kann man ein paar Tage aufheben und es läßt sich auch eingefrieren.

Linzer Schnitte

Zutaten:
260 g Butter
110 g Zucker
2 Eigelb
260 g Mehl
260 g geriebene Haselnüsse
1 Teelöffel Zimt

Füllung:
250 g Himbeerkonfitüre

Für die Glasur:
100 g Himbeergelee
60 g Puderzucker
gehackte Pistazien

Ergibt ca. 40 Stück
Backzeit:
Elektro 180° C, 15 Minuten
Gas Stufe 2–3, 15 Minuten
Umluft 170° C,
13–14 Minuten

Zimmerwarme Butter und Zucker mit der Küchenmaschine glattrühren. Eigelb zugeben. Mit dem Mehl, Nüssen und Zimt zu einem glatten Teig verarbeiten. Eine Stunde kühlstellen.
Den Teig auf Blechgröße ausrollen und auf das mit Backtrennpapier belegte Blech legen. Im heißen Ofen goldgelb backen. Noch im warmen Zustand halbieren und auskühlen lassen.
Eine Nußteigplatte mit Himbeerkonfitüre bestreichen und die zweite darüberlegen. Das Himbeergelee für die Glasur erhitzen und mit dem Pinsel die Oberseite des Gebäckstücks bestreichen. Nach einigen Minuten ist diese etwas fest geworden und die Zuckerglasur läßt sich sauber aufstreichen. Dafür den Puderzucker mit Wasser zu einem nicht zu dicken Brei anrühren. Ebenfalls erwärmen und auftragen. Gehackte Pistazien aufstreuen.
Nach ca. 1/2 Stunde die Schnitte in drei Streifen schneiden. Die einzelnen Streifen in Dreiecke schneiden.
Die Linzer Schnitten lassen sich ca. 8 bis 10 Tage aufbewahren.

Früchte-Tartes

Zutaten:
300 g Mehl
100 g Zucker
200 g Butter
1 Prise Salz
das Mark von 1/4 Vanilleschote
das Abgeriebene von
1/4 Zitrone
1 Ei

Apfel/Zwetschgentartes:
750–800 g Äpfel
oder
750–800 g Zwetschgen

Aprikosentartes:
150 g Rohmarzipanmasse
80 ml Marillengeist
(Aprikosenschnaps)
Aprikosen

Zum Überpinseln:
150 g Butter
Zimtzucker

Ergibt 15 Stück
Backzeit:
Elektro 180° C, 14 Minuten
Gas Stufe 2–3, 14 Minuten
Umluft 170° C, 12 Minuten

Für den Mürbteig das Mehl zu einem Kranz formen. In die Mitte Zucker, Butter, Salz, das Mark der Vanilleschote, das Abgeriebene der Zitrone und das Ei geben. Alle Zutaten rasch vermengen und zu einem Teig kneten. Eine Stunde kühl stellen.
Den Teig ca. 5 mm dick ausrollen und rund ausstechen (Ø 8 cm). Auf ein mit Backpapier belegtes Blech legen.

Als Belag eignen sich Äpfel, Zwetschgen und Aprikosen. Die Früchte waschen bzw. schälen und in dünne Scheiben schneiden. Je nach Größe der Früchte einfach oder als doppelten Fächer auflegen.
Für die Aprikosentartes Marzipanrohmasse mit Marillengeist glattarbeiten und auf den Mürbteig aufstreichen, anschließend die geschnittenen Früchte auflegen. Durch die Marzipanmasse wird das Aroma der Aprikosen verstärkt.
Nach dem Auflegen die rohen Früchte mit heißer Butter leicht abtupfen. Nach dem Backen die Apfel- und Zwetschgentartes noch heiß mit Zimtzucker überstreuen.

Mohn- und Nuß-Beugel

Zutaten:
200 g Mehl
100 g Butter
1 TL Zucker
10 g Hefe
1 Eigelb
1 Prise Salz
1/3 Tasse Wasser (ca. 50 ml)

Mohnfüllung:
200 ml Milch
80 g Zucker
120 g gemahlener Mohn
80 g Marzipan
1 TL Orangenkonfitüre

Nußfüllung:
75 ml Wasser
25 g Butter
90 g Zucker
30 g Semmelbrösel
160 g geriebene Nüsse
1/2 TL Zimt

Zum Aufstreichen:
1 Ei
1 Eigelb

Ergibt 80 Stück
Backzeit:
Elektro 180° C, 10 Minuten
Gas Stufe 2–3, 10 Minuten
Umluft 170° C, 8 Minuten

Alle Zutaten für den Teig in eine Teigschüssel geben und mit dem Knethaken zu einem glatten Teig arbeiten. Er soll sehr fest sein, gegebenenfalls etwas Mehl nachgeben. Mindestens eine Stunde ruhen lassen.

Für die Mohnbeugelfüllung Milch und Zucker in einer Kasserolle aufkochen und den gemahlenen Mohn damit übergießen. Kurz auf dem Herd abrösten, bis die Milch aufgesogen ist. Nach dem Auskühlen Marzipanmasse und Orangenkonfitüre darunterarbeiten. Die Füllung in 40 Teile teilen.

Für die Nußbeugelfüllung in einer Kasserolle Wasser, Butter und Zucker aufkochen. Semmelbrösel, Nüsse und Zimt zugeben und kurz abrösten. Aus der Kasserolle nehmen, abkühlen lassen und ebenfalls in 40 Teile teilen.

Die Hälfte des Teiges zu einem Format von 30 cm x 32 cm ausrollen und in Stücke von 6 x 4 cm schneiden. Die Mohnfüllung in der Hand etwas länglich rollen und auf den Teig setzen. Diesen an den Rändern mit Wasser leicht benetzen. Die Füllung einrollen und an den Seiten fest zusammendrücken. Zu einem Hörnchen rollen, darauf achten, daß die rechte und linke Seite sehr dünn werden. Auf das Blech legen und formen.

Ei mit Eigelb verquirlen, auf die Beugel streichen und diese ca. 15 Minuten abtrocknen lassen. Ein zweites Mal bestreichen, nochmals abtrocknen lassen und in den Ofen schieben. Durch das zweimalige Bestreichen und Antrocknen entstehen an der Oberseite schöne Konturen.

Die Nußbeugel können genauso hergestellt werden.

Die Beugel lassen sich gut einfrieren. Nach dem Auftauen nochmals kurz in den heißen Ofen schieben.

Reichenhaller Hörnchen

Zutaten:
240 g Mehl
30 g Hefe
40 g Zucker
5 g Salz
1 Ei
80 ml Milch
35 g Butter
das Abgeriebene einer halben Zitrone

Zum Einrollen:
200 g Butter

Zum Bestreichen des Teiges:
50 g Butter

Füllung:
120 g geriebene Haselnüsse
50 g Kokosraspel
100 g Puderzucker
1/2 TL Zimt

Zum Bestreichen der Hörnchen:
60 g Butter

Zum Überstreuen:
Zimtzucker

Ergibt 48 Stück
Backzeit:
Elektro 180° C, 14 Minuten
Gas Stufe 2–3, 14 Minuten
Umluft 170° C, 12 Minuten

Alle Zutaten für den Hefeteig in eine Schüssel geben und mit dem Knethaken der Küchenmaschine zu einem glatten Teig verarbeiten. Abgedeckt ca. 15 Minuten im Kühlschrank ruhen lassen.
Den Teig auf eine Größe von ca. 35 cm x 25 cm ausrollen. Die Butter in Scheiben schneiden, auf die Hälfte des Teiges legen und den anderen Teig darüberschlagen. Dieses Teigstück nun ca. 45 cm x 25 cm ausrollen. Die linke und die rechte Seite zur Mitte legen und nochmals übereinanderschlagen. 10 Minuten ruhen lassen. Diesen Arbeitsgang noch dreimal wiederholen mit den jeweiligen Pausen.
Die Butter zum Bestreichen des Teiges in einer Kasserolle verflüssigen. Den gekühlten Teig auf 33 cm x 64 cm ausrollen. Mit einem Pinsel die flüssige Butter darüberstreichen.
Nüsse, Kokosraspel, Puderzucker und Zimt mischen, darüberstreuen und festdrücken. Das Teigstück zweimal längs waagrecht durchschneiden. So entstehen drei Streifen von 64 cm Länge und 11 cm Breite. Rechtecke daraus schneiden, d. h., alle 8 cm quer durchschneiden. Jedes Rechteck ist nun 8 cm breit und 11 cm lang. Diese Rechtecke diagonal teilen und Hörnchen davon rollen.
Auf zwei Bleche setzen und wie jeden Hefeteig gehen lassen. Im heißen Ofen goldgelb backen.
Die Butter zum Bestreichen heiß werden lassen und die Hörnchen noch heiß damit überpinseln. Kräftig mit Zimtzucker und evtl. zusätzlich mit Puderzucker übersieben.

Schokoladenmousse-Überraschung

Zutaten:
150 g Mehl
50 g Zucker
100 g Butter
1 Prise Salz
Mark von 1/4 Vanilleschote
Abrieb von 1/4 Zitrone
1 Eigelb

Schokoladenmousse
mit Alkohol:
1 Ei
2 Eigelb
320 g Kuvertüre
300 ml Sahne
30–50 ml Alkohol je nach
Geschmack

Schokoladenmousse
ohne Alkohol:
1 Ei
2 Eigelb
275 g Kuvertüre
300 ml Sahne

Für die Garnitur:
Schokoladenspäne

Ergibt 12 Stück
Backzeit:
Elektro 180° C, 9 Minuten
Gas Stufe 2–3, 9 Minuten
Umluft 170° C, 7 Minuten

Für den Mürbteig einen Mehlkranz bilden. In die Mitte Zucker, Butter, Salz, das Mark von 1/4 Vanilleschote, das Abgeriebene von 1/4 Zitrone und das Eigelb geben. Alle Zutaten vermengen und zu einem Teig kneten. Eine Stunde kühlstellen.

Den Mürbteig dünn ausrollen und Tortelette-Formen (konische Form, unten 4 cm, oben 6 cm ∅) damit auslegen. Im Backofen goldgelb backen. Nach dem Auskühlen aus der Form nehmen.

Kuvertüre in einer Kasserolle im Wasserbad auflösen. Die Sahne aufschlagen.

Eier und Eigelb im Wasserbad warm und mit der Küchenmaschine kalt und locker aufschlagen. Etwas Eiermasse mit der Kuvertüre verrühren; gegebenenfalls Alkohol zugeben.

Kuvertüre, Sahne und Eiermischung zusammengeben und mit dem Schneebesen glattrühren. In einen Spritzbeutel mit Loch- oder Sterntülle füllen. Etwas Schokoladenmousse in die Tortelettes spritzen und die Frucht einlegen. Mit dem Spritzbeutel an der Seite und über die Früchte die Schokoladenmousse hochziehen.

Mit Schokoladenspänen umlegen und kühl servieren. Besonders köstlich schmecken diese Törtchen, wenn die Schokoladenmousse mit Alkohol abgeschmeckt wird. In diesem Fall muß wie angegeben, etwas mehr Kuvertüre verwendet werden.

Verschiedene Früchte und die dazu passende Schokoladenmousse bieten sich an:
Kiwi und weiße Schokoladenmousse mit Himbeergeist oder Creme de Coco;
Pfirsiche oder Aprikosen und Vollmilch-Schokoladenmousse mit Aprikosengeist;
Erdbeeren und Zartbitter-Schokoladenmousse mit Rum;
Kirschen und Mokka-Schokoladenmousse mit Tia Maria.

Die Herstellungsweise ist für alle Früchte gleich. Die Rezeptangabe der Schokoladenmousse paßt zu jeder Kuvertüre.
Gebackene Tortelettes lassen sich ca. 10 Tage aufbewahren. Der ungebackene Teig kann bis zu drei Wochen eingefroren werden.

Eierlikör-Törtchen

Zutaten:
4 Eier
1 Eigelb
125 g Zucker
220 g geriebene Haselnüsse
20 g Kakaopulver
1 Messerspitze Zimt
2 Messerspitzen Backpulver

Tränke:
120 ml Eierlikör
60 ml Weinbrand

Füllung:
500 ml Sahne
1 TL Zucker
5 Blatt Gelatine
140 ml Eierlikör

Garnitur:
weiße Schokoladenspäne

Ergibt 12 Stück
Backzeit:
Elektro 180° C, 20 Minuten
Gas Stufe 2–3, 20 Minuten
Umluft 170° C,
17–18 Minuten

Für dieses Rezept werden glatte, hohe Tortelette-Formen verwendet: Konisch, unten 5 cm, oben 7 cm, mit einer Höhe von 3 cm. Oder andere Törtchenformen mit einem Volumen von 100 ml.
Eier, Eigelb und Zucker im Wasserbad warm und mit der Küchenmaschine kalt und locker aufschlagen.
Nüsse, Kakaopulver, Zimt und Backpulver mischen. Mit einem Kochlöffel die Nußmischung unter die Eiermasse heben. In die Förmchen einfüllen und in den heißen Ofen schieben und backen.
Nach dem Auskühlen aus den Förmchen nehmen und einmal in der Mitte durchschneiden.
Als Tränke für den Nußboden Eierlikör und Weinbrand mischen. Knapp die Hälfte dieser Mischung mit einem Löffel auf die Unterteile des Nußbodens verteilen.
Blattgelatine in kaltem Wasser einweichen. Sahne und Zucker steif schlagen.
Die eingeweichte Gelatine auflösen und den Eierlikör zugeben. Unter die Sahne rühren und in einen Spritzbeutel mit Lochtülle Größe 10 füllen. Etwas Sahne auf dem Unterteil verstreichen und das Oberteil auflegen. Die restliche Eierlikör-Weinbrandmischung darüber verteilen. Mit dem Spritzbeutel Sahnestreifen hochziehen. Weiße Schokoladenspäne um und über die Törtchen legen und mit Eierlikör beträufeln.
Die Törtchen eignen sich auch sehr gut als Dessert.

Kronsbeertaschen

Zutaten:
220 g Butter
50 g Puderzucker
2 Eigelb
das Abgeriebene von
1/2 Zitrone
260 g Mehl

Füllung:
250 g Preiselbeerkonfitüre
1 Ei zum Bestreichen
50 g gehobelte Haselnüsse

Ergibt 32 Stück
Backzeit:
Elektro 180° C, 10 Minuten
Gas Stufe 2–3, 10 Minuten
Umluft 170° C, 9 Minuten

Die zimmerwarme Butter mit der Küchenmaschine glattrühren. Puderzucker, Eigelb und die Zitronenschale darunterrühren und mit dem Mehl zu einem Teig kneten. Ca. 2 Stunden kühl stellen.

Der Teig ist sehr zart; vorsichtig in kleinen Portionen ausrollen, ca. 4 mm stark. Mit einem gezackten Ausstecher (ø 7 cm) Teigscheiben ausstechen und zur Seite legen.

Die Preiselbeerkonfitüre knapp neben der Scheibenmitte auftragen. Die Teigränder mit dem verquirlten Ei bestreichen, als Taschen zusammenlegen und andrücken. Mit dem Rest des verquirlten Eis die Taschen bestreichen. Die Teigränder mit gehobelten Haselnüssen bestreuen. Die Taschen auf ein mit Backtrennpapier belegtes Blech legen und goldgelb backen.

Nach Belieben kann auch Orangen- oder Johannisbeerkonfitüre verwendet werden.

Mini-Windbeutel

Zutaten:
160 ml Wasser
30 g Butter
1 Prise Salz
1 Prise Zucker
100 g Mehl
2 Eier
1 Eigelb

Füllung:
2 Blatt Gelatine
450 ml Sahne
30 g Zucker

Für die Oberseite:
Fondant oder Kuvertüre, je nach Geschmack

Ergibt 60 Stück
Backzeit:
Elektro 180° C, 16 Minuten
Gas Stufe 2–3, 16 Minuten
Umluft 170° C, 14 Minuten

Wasser, Butter, Salz und Zucker zum Kochen bringen. Unter ständigem Rühren das Mehl zugeben und kurz abrösten. Die abgeröstete Masse in eine frische Schüssel geben und auskühlen lassen. Die Eier und das Eigelb einzeln mit dem Kochlöffel unter die Teigmasse rühren.
Mit einem Spritzbeutel mit Sterntülle Nr. 10 kleine Tupfen auf ein mit Backtrennpapier belegtes Blech spritzen. In den vorgeheizten Ofen schieben und backen.
Nach dem Auskühlen die Oberseite der Windbeutel je nach Geschmacksrichtung mit Fondant weiß, gelb oder rosa überziehen, bzw. in Zartbitter- oder Vollmilch-Kuvertüre tauchen.
Die Blattgelatine im kalten Wasser einweichen. Die Sahne mit dem Zucker steif schlagen, die aufgelöste Gelatine unterziehen. Die Sahne je nach Wunsch abschmecken: mit Cointreau, Weinbrand, Himbeergeist, Williamsgeist oder Vanille. Evtl. auch frische, zerdrückte Erdbeeren zugeben oder aufgelöste dunkle Kuvertüre. Die abgeschmeckte Sahne in den Spritzbeutel füllen und die aufgeschnittenen Windbeutel damit füllen.

Kirschmandel-Törtchen

Zutaten:
150 g Mehl
100 g Butter
50 g Zucker
1 Eigelb
das Abgeriebene von
1/2 Zitrone

Füllung:
200 g Butter
175 g Zucker
200 g Rohmarzipanmasse
das Mark einer Vanilleschote
das Abgeriebene von
1/2 Zitrone
6 Eier
250 g Mehl
150 g Kompottkirschen

Für die Glasur:
Aprikosen- oder Kirschkonfitüre Fondant

Als Dekor:
geröstete, gehobelte Mandeln
Kirschen

Ergibt 12 Stück
Backzeit:
Elektro 180° C, 35 Minuten
Gas Stufe 2–3, 35 Minuten
Umluft 170° C, 30 Minuten

Alle Zutaten zu einem Mürbteig verarbeiten und kühl stellen. Den Mürbteig dünn ausrollen und Tortelette-Formen damit auslegen. (Konische Formen: Boden 5 cm, oben 7 cm, Höhe 3 cm.)
Zimmerwarme Butter und Zucker mit der Küchenmaschine glattrühren. Die Rohmarzipanmasse mit dem Mark der Vanilleschote und der Zitronenschale zugeben, nach und nach die Eier. Alles schaumig rühren. Zum Schluß das Mehl unterziehen. Die Masse in einen Spritzbeutel mit großer Lochtülle füllen. Je einen großen Tupfen in die Förmchen spritzen, Kirschen einlegen und die restliche Masse gleichmäßig darüber verteilen. In den heißen Ofen schieben und goldgelb backen.
Für die Garnitur die gehobelten Mandeln rösten.
Die Törtchen nach dem Auskühlen aus den Formen nehmen. Aprikosenkonfitüre in einer Kasserolle aufkochen und die Törtchen damit bepinseln. Geschmacklich ebenso gut eignet sich Kirschkonfitüre.
Ein wenig Fondant erwärmen und die Törtchen damit glasieren oder Puderzucker mit Wasser anrühren und über die Konfitüre streichen.
Geröstete, gehobelte Mandeln um den Rand drücken und eine Kirsche aufsetzen.
Ohne Glasur können die Törtchen gut eingefroren werden.

Kirschröllchen

Zutaten:
7 Eigelb
75 g Zucker
160 g Rohmarzipanmasse
100 ml Wasser
7 Eiweiß
110 g Zucker
110 g Mehl
75 g Kakaopulver

Füllung:
1 Ei
1 Eigelb
250 g dunkle Kuvertüre
220 ml Sahne
500 g Kirschen

Zum Überziehen:
Zartbitter-Kuvertüre

Dekoration:
Schokospäne oder
Kakaopulver

Ergibt 2 Rouladen
Blechgröße: 34 cm x 38 cm
Backzeit:
Elektro 180° C, 9 Minuten
Gas Stufe 2–3, 9 Minuten
Umluft 170° C, 8 Minuten

Die Eier trennen. Die Eigelb mit dem Zucker, Marzipanmasse und Wasser mit der Küchenmaschine schaumig rühren.
Eiweiß und Zucker zu Schnee schlagen. Mehl und Kakaopulver sieben. Das geschlagene Eiweiß unter die Eigelbmasse heben, das Mehl mit dem Kakaopulver unterheben. Die Masse auf zwei mit Backtrennpapier belegte Bleche verteilen und glattstreichen. Nacheinander im vorgeheizten Ofen backen.
Nach dem Backen, noch heiß, die beiden Biskuitplatten auf ein etwas größeres Backtrennpapier drehen und das mitgebackene Papier abziehen.
In einer Kasserolle im Wasserbad die feingeschnittene Kuvertüre auflösen. Das Ei und das Eigelb im Wasserbad warm und mit der Küchenmaschine kalt aufschlagen. Die Sahne schlagen, die Eiermasse vorsichtig unter die Sahne heben. Einen Teil davon kräftig unter die Kuvertüre rühren, beide Massen zusammengeben und glattrühren. Je zur Hälfte auf die Biskuitplatten streichen. Die Kirschen an der Längskante des Biskuits dicht nebeneinanderlegen und diesen zur Roulade aufrollen, deren Kernfüllung die Kirschen bilden. In das Trennpapier einschlagen und ca. 3 Stunden kühl stellen.
Dunkle Kuvertüre auflösen. Die Roulade in ca. 5 cm lange Stücke schneiden. Mit einer Pralinengabel ganz in die Kuvertüre tauchen, abtropfen lassen und auf Backtrennpapier setzen. Mit Schokoladenspänen dekorieren oder mit Kakaopulver übersieben.
Diese Roulade läßt sich in Trennpapier eingeschlagen auf Vorrat eingefrieren.

Salzburger Nußroulade

Zutaten:
16 Eiweiß
400 g Zucker
250 g geriebene Haselnüsse
30 g Mehl
30 g Stärkepuder
1 TL Zimt

Zum Aufstreuen:
40 g gehobelte Haselnüsse

Nougatfüllung:
250 ml Sahne
100 g Nougat
30 g Sultaninen
30 ml Rum
2 Blatt Gelatine

Schokoladenfüllung:
120 g dunkle Kuvertüre
250 ml Sahne

Ergibt 2 Rouladen
Blechgröße 25 cm x 35 cm
Backzeit:
Elektro 180° C, 10 Minuten
Gas Stufe 2–3, 10 Minuten
Umluft 170° C, 9 Minuten

Eiweiß mit der Küchenmaschine zu Schnee schlagen. Nach und nach den Zucker zugeben. Nüsse, Mehl, Stärkepuder und Zimt vermengen und mit einem Kochlöffel unter die Eiweißmasse heben. Auf zwei mit Backtrennpapier belegte Bleche streichen. Die gehobelten Haselnüsse aufstreuen und backen. Noch warm den Biskuit auf ein frisches Backtrennpapier drehen und das mitgebackene Papier abziehen.

Nougatroulade: Sultaninen in einer Kasserolle mit dem Rum kurz erhitzen. Blattgelatine einweichen. Nougat in einem Kessel im Wasserbad erwärmen und glattrühren. Die Sahne schlagen.

Blattgelatine in einer Kasserolle auflösen, Rumsultaninen zugeben, mit etwas Sahne unter das Nougat rühren und die restliche Sahne darunterheben. Auf den Biskuit streichen und zur Roulade aufrollen, mit dem Trennpapier einschlagen und kühlstellen.

Schokoladenroulade: Kuvertüre fein haken, in einer Kasserolle im Wasserbad auflösen. Sahne schlagen und nach und nach unter die Kuvertüre heben. Auf die Biskuitplatten streichen, zusammenrollen, mit dem Backtrennpapier einschlagen und kühl stellen.

Die Rouladen lassen sich eingerollt in Backtrennpapaier einfrieren.

Liebesbriefe

Zutaten:
320 g Butter
220 g Zucker
3 Eigelb
2 Eier
das Abgeriebene von
1/2 Zitrone
50 g Stärkepuder
450 g Mehl

Füllung:
450 g Himbeerkonfitüre
1 Ei zum Bestreichen

Ergibt 50 Stück
Backzeit:
Elektro 180° C, 15 Minuten
Gas Stufe 2–3, 15 Minuten
Umluft 170° C, 13 Minuten

Die Butter mit der Küchenmaschine glattrühren. Zucker, Eigelb, die Eier und das Abgeriebene der Zitrone zugeben; Mehl und Stärkepuder mischen und alles zu einem Teig kneten. Ca. 1 Stunde kühl stellen.
Den Teig rechteckig, ca. 3 mm stark, ausrollen. Mit einem Lineal und Teigrädchen Quadrate von 8 cm x 8 cm schneiden. Die Kanten mit dem verquirlten Ei bestreichen. Die Himbeerkonfitüre in einen Spritzbeutel mit kleiner Lochtülle füllen. Auf die Mittellinie der Teigquadrate jeweils einen Streifen Konfitüre spritzen. Die Teigstücke zusammenklappen und an den Kanten gut andrücken. Mit einem Modellierholz oder der Rückseite eines Messers die Form eines Briefkuverts einkerben.
Von dem restlichen Teig kleine Herzen ausstechen, auflegen und mit dem verquirlten Ei ganz bestreichen. Im Backofen goldgelb backen.
Variante: Den Teig für die Kuverts ganz aufarbeiten und nach dem Backen mit roter Spritzglasur Herzen oder evtl. einen Namen aufspritzen.

Spitzbuben

Zutaten:
160 g Butter
80 g Puderzucker
1 Eigelb
Mark von 1/2 Vanilleschote
das Abgeriebene von
1/2 Zitrone
Prise Salz
240 g Mehl

Füllung:
250 g Himbeerkonfitüre

Ergibt 80 Stück
Backzeit:
Elektro 180° C, 8–9 Minuten
Gas Stufe 2–3, 8–9 Minuten
Umluft 170° C, 7–8 Minuten

Die zimmerwarme Butter in eine Schüssel geben und mit der Küchenmaschine glattrühren. Puderzucker, Eigelb, das Mark der Vanilleschote, Zitronenschale und Salz darunterrühren. Mit dem Mehl zu einem glatten Teig verarbeiten. Ca. 2 Stunden in den Kühlschrank stellen.
Den Teig dünn ausrollen und mit einem gezackten Ausstecher (Ø 3 cm) kleine Scheiben ausstechen. Auf ein mit Backtrennpapier belegtes Blech legen. In die Hälfte der Plätzchen ein Loch von ca. 1,5 cm stechen; im Backofen goldgelb backen. Die ausgestochenen Ringe haben eine etwas kürzere Backzeit.
Himbeerkonfitüre glattrühren, in einen Spritzbeutel mit kleiner Lochtülle Größe 5 füllen und je einen Tupfen auf die Unterteile spritzen.
Die ausgestochenen Oberteile mit Puderzucker übersieben und auflegen.
Als Füllung eignet sich auch Aprikosen-, Orangenkonfitüre oder Zwetschgenmus.

Mandelblätter

Zutaten:
200 g Butter
200 g Zucker
200 g gehobelte Mandeln
100 g Mehl
1 Messerspitze Zimt

Ergibt 70 Stück
Backzeit:
Elektro 180° C,
5–7 Minuten, je nach Größe
Gas Stufe 2–3,
5–7 Minuten, je nach Größe
Umluft 170° C,
5–7 Minuten, je nach Größe

Sehr weiche Butter (gegebenenfalls nachwärmen) in einen Kessel geben und glatt-, aber nicht schaumig rühren; den Zucker zugeben.
Die gehobelten Mandeln, Mehl und Zimt mit dem Kochlöffel kräftig darunterarbeiten. Kleine Häufchen mit zwei Kaffeelöffeln, die ab und zu in Wasser getaucht werden, auf ein mit Backtrennpapier belegtes Blech setzen. Auf die Blechgröße von ca. 32 cm x 39 cm nur ca. 25 Stück in größerem Abstand voneinander auflegen. Dieser Abstand sollte eingehalten werden, da die Blätter beim Backen etwas verlaufen. Mit feuchten Fingern sanft flachdrücken. Im vorgeheizten Ofen auf mittlerer Schiene goldgelb backen. Der Rand wird dabei immer etwas dunkler.
Mit einem Spachtel direkt vom heißen Blech abnehmen, über ein kleines Rollholz legen, um die Blätter zu biegen. Dies gelingt nur im heißen Zustand. Das Backblech kann jederzeit wieder zurück in den Ofen geschoben werden, um nachzuwärmen.

Müsli-Taler

Zutaten:
100 g Butter
180 g Zucker
120 ml Sahne
75 g Bienenhonig
200 g Walnüsse
120 g Kürbiskerne

Zum Überziehen:
Vollmilch- bzw. Zartbitter-Kuvertüre

Ergibt 55–60 Stück
Backzeit:
Elektro 180° C,
ca. 6 Minuten, je nach Größe
Gas Stufe 2–3, 6 Minuten
Umluft 170° C, 4 Minuten

Butter, Zucker, flüssige Sahne sowie Bienenhonig in eine kleine Kasserolle geben und aufkochen. Walnüsse und Kürbiskerne unterziehen und ca. 30 Sekunden unter ständigem Rühren abrösten.

Die Masse etwas auskühlen lassen und mit einem nassen Teelöffel kleine Häufchen in großem Abstand auf das Backblech verteilen. Das Backblech sollte mit Backtrennpapier belegt sein.

Beim Backen verläuft die Masse etwas, deshalb wird der Rand dünn und knusprig. Goldgelb ausbacken.

Nach dem Erkalten die Unterseite dünn mit Vollmilch- oder Zartbitter-Kuvertüre bestreichen.

Orientalische Florentinerschnitten

Florentinermasse:
50 g Butter
90 g Zucker
60 ml flüssige Sahne
40 g Bienenhonig
40 g gestiftelte Mandeln
100 g gehobelte Mandeln

Füllung:
120 ml Sahne
250 g Mokka-Kuvertüre
1 TL Instant-Kaffee
2 TL Rum

Zum Überziehen:
Mokka-Kuvertüre

Ergibt 45 Stück
Aluform 23 cm x 9 cm
Backzeit:
Elektro 180° C, 7 Minuten
Gas Stufe 2–3, 7 Minuten
Umluft 170° C, 5 Minuten

Butter, Zucker, flüssige Sahne sowie Bienenhonig in eine kleine Kasserolle geben und aufkochen. Die gestiftelten und gehobelten Mandeln unterziehen und ganz kurz abrösten. Ein Drittel dieser Masse in eine Aluform (Größe 23 x 9 cm) füllen und glattstreichen. Im heißen Ofen goldgelb backen.
Noch warm aus der Form nehmen und mit einem glatten Messer in Stücke von 1,5 cm x 3 cm schneiden. Das zweite und dritte Mal mit der Florentinermasse ebenso verfahren. So entstehen dreimal 45 Florentinerstreifen. Sobald der Florentinerboden kalt wird, bricht er. Zum Schneiden gegebenenfalls im Ofen etwas nachwärmen.
Die Sahne in der Kasserolle aufkochen, Mokka-Kuvertüre fein hacken und darin auflösen. Den gefriergetrockneten Kaffee in Rum auflösen und darunterrühren. Nach dem Abkühlen die Pralinencreme glattrühren – nicht schaumig – und in einen Spritzbeutel mit Lochtülle Größe 5 füllen. Je drei Florentinerstreifen mit der Pralinencreme gefüllt zusammensetzen.
Die Mokka-Kuvertüre fein schneiden und in einer Kasserolle im Wasserbad auflösen. Die Enden der Florentinerschnitten in die Kuvertüre tauchen und das Gebäck auf Backtrennpapier setzen.

Nußküßchen

Zutaten:
150 g Butter
70 g Zucker
1 Eigelb
150 g Mehl
150 g geriebene Haselnüsse
2 Messerspitzen Zimt

Füllung / Garnitur:
400 g Nougat
500 g Haselnüsse
Vollmilch-Kuvertüre

Ergibt 60 Stück
Backzeit:
Elektro 180° C, 8–9 Minuten
Gas Stufe 2–3, 8–9 Minuten
Umluft 170° C, 7–8 Minuten

Die zimmerwarme Butter in eine Schüssel geben und mit der Küchenmaschine glattrühren. Zucker und Eigelb darunterrühren; mit dem Mehl, den geriebenen Haselnüssen und dem Zimt zu einem glatten Teig kneten. Ca. 2 Stunden in den Kühlschrank stellen.

Den Teig dünn ausrollen, rund ausstechen (Ø 3 cm), das ergibt 180 Teigplättchen. Auf ein mit Backtrennpapier belegtes Blech legen und goldgelb backen. Die ganzen Haselnüsse rösten.

Den Nougat in einer Kasserolle glattrühren, gegebenenfalls im Wasserbad leicht anwärmen. Drei Plättchen übereinander mit Nougat gefüllt zusammensetzen. Auf den Deckel einen großen Tupfen spritzen.

Die gerösteten Haselnüsse mit dem Rollholz zerstoßen, die Nougattupfen reichlich damit bestreuen und die Nußküßchen kühl stellen.

Vollmilch-Kuvertüre im Wasserbad auflösen. Die Plätzchen bis zum Fuß in die Kuvertüre tauchen, etwas abtropfen lassen und auf Backtrennpapier absetzen.

Als zusätzliche Garnitur evtl. mit dunkler Kuvertüre überspritzen.

Naschkatzenplätzchen

Zutaten:
160 g Butter
80 g Zucker
1 Eigelb
das Abgeriebene von
1/2 Zitrone
das Mark von 1/2 Vanilleschote
1 Prise Salz
240 g Mehl

Trüffelmasse:
200 ml Sahne
430 g Zartbitter- Kuvertüre
60 ml Rum (54 %)

Zum Zusammensetzen:
150 g Rohmarzipan
50 ml Rum

Für die Spitzen:
150 g Rohmarzipanmasse

Zum Überziehen:
Zartbitter-Kuvertüre

Ergibt 80 Stück
Backzeit:
Elektro 180° C, 8–9 Minuten
Gas Stufe 2–3, 8–9 Minuten
Umluft 170° C, 7–8 Minuten

Die zimmerwarme Butter in eine Schüssel geben und mit der Küchenmaschine glattrühren. Zucker, Eigelb, Vanillemark, Zitronenschale und Salz darunterrühren. Mit dem Mehl zu einem glatten Teig verarbeiten. Ca. 2 Stunden in den Kühlschrank stellen.

Den Teig dünn ausrollen, mit einem glatten Ausstecher (ø 3 cm) Plätzchen ausstechen und auf ein mit Backtrennpapier belegtes Backblech legen. Goldgelb backen und auskühlen lassen. Der Teig ergibt ca. 160 Plätzchen.

Trüffelmasse zubereiten: Sahne in einer Kasserolle aufkochen, die Kuvertüre fein hacken und darin auflösen. Den Rum in die warme Trüffelmasse rühren, abkühlen lassen.

Die Rohmarzipanmasse mit dem Rum glattrühren und immer 2 Plätzchen mit Marzipan gefüllt damit zusammensetzen.

Die Trüffelmasse mit der Küchenmaschine schaumig rühren. In einen Spritzbeutel mit Lochtülle Größe 8 füllen und auf die zusammengesetzten Plätzchen spritzen. Das Rohmarzipan für die Spitzen zu einem Strang rollen. In den Händen zu kleinen Kugeln formen und auf die Plätzchen setzen.

Kurze Zeit kühl stellen und mit dunkler Kuvertüre überziehen.

Schweinsöhrchen

Zutaten:
250 g Mehl
120 ml Wasser
5 g Salz

Zum Einrollen:
250 g kalte Butter
feiner Zucker

Ergibt 50–55 Stück
Backzeit:
Elektro 180° C,
13–14 Minuten
Gas Stufe 2–3,
13–14 Minuten
Umluft 170° C,
10–11 Minuten

Mehl, Wasser und Salz in eine Schüssel geben. Mit dem Knethaken der Küchenmaschine zu einem glatten Teig arbeiten.
Mit einem Tuch abdecken und ca. 10 Minuten ruhen lassen.
Den Grundteig auf eine Größe von ca. 25 cm x 40 cm ausrollen. Die Butter in Scheiben schneiden, auf eine Teighälfte legen und die andere darüberschlagen. Das Teigstück nun auf ca. 25 cm x 45 cm ausrollen und eintouren, d. h. die linke und die rechte Seite bis zur Mitte legen und nochmals zusammenklappen. Diesen Arbeitsgang noch zweimal wiederholen mit einer Ruhepause von jeweils 15 Minuten im Kühlschrank.
Ab jetzt wird der Blätterteig nur noch mit Zucker ausgerollt. Dazu Zucker dünn auf die Arbeitsplatte streuen, den Teig auflegen, Zucker aufstreuen, ausrollen auf ca. 25 cm x 45 cm Größe und nochmals die linke und die rechte Seite zur Mitte und übereinanderschlagen.
Nach weiteren 15 Minuten im Kühlschrank den Teig mit Zucker zu einer Größe von 35 cm x 36 cm ausrollen. In der Mitte durchschneiden, so entstehen zwei Teigstücke von je 35 cm x 18 cm. Diese von den Längsseiten her wieder zur Mitte hin falten und übereinanderschlagen. So entsteht ein vierlagiges Stück im Format 35 x 4,5 cm (der gleiche Arbeitsvorgang wie beim Einrollen der Butter, nur der Länge nach). Mit einem glatten Messer ca. 12 mm breite Stücke von diesem Blätterteigstrang abschneiden.
Das Backblech mit Backtrennpapier belegen. Die Schweinsohren in 3 Reihen mit der Schnittfläche nach oben eng hintereinander auflegen. Der Abstand zwischen den Reihen ist sehr wichtig, da beim Backen jeder dieser schmalen Blätterteigstreifen nach rechts und links auseinandergeht und so die Form entsteht.
Im heißen Ofen goldgelb backen.

Verdi-Kirschen

Zutaten:
70 Amarenakirschen
750 g Fondant
500 g Zartbitter-Kuvertüre
Kakaopulver

Italienische Amarenakirschen in ein Sieb geben und den Saft ablaufen lassen.
Den Fondant in einer Kasserolle sehr warm machen und nur so wenig verdünnen, daß er gerade verläuft. Die Kirschen mit einer Pralinengabel durch den Fondant ziehen, abtropfen lassen und auf ein Backtrennpapier setzen. Sobald der Fondant fest geworden ist, diesen Arbeitsgang wiederholen.
Zartbitter-Kuvertüre im Wasserbad auflösen.
Die mit Fondant überzogenen Kirschen mit der Gabel in die Kuvertüre tauchen, abstreifen und auf Backtrennpapier setzen.
Die Pralinen ein zweites Mal in die Kuvertüre tauchen und noch flüssig durch das Kakaopulver rollen.

Süße Spiegeleier

Zutaten:
80 Staniolkapseln
500 g Zartbitter-Kuvertüre

Füllung:
150 g Fondant
300 ml Eierlikör
50 ml Weinbrand

Für die Garnitur:
150 g Fondant
Eigelbfarbe

Zartbitter-Kuvertüre fein hacken, in der Kasserolle im Wasserbad auflösen. Mit einem kleinen Löffel die Staniolkapseln mit Kuvertüre füllen. Die Kapseln auf ein Kuchengitter stürzen, damit ein Teil der Kuvertüre wieder ausläuft und der Rest an den Rändern haften bleibt. Nach ca. 1 Minute die Kapseln zurückdrehen, bevor die Kuvertüre beginnt fest zu werden.

Für die Füllung in einer Kasserolle den Fondant anwärmen, den Eierlikör und den Weinbrand zugeben. Mit einem Kaffeelöffel die Eierlikörfüllung bis gut 3/4 Höhe in die Kapseln geben. Über Nacht die Pralinen stehen lassen. Durch den Fondant bildet sich auf der Füllung eine ganz dünne Schicht. Diese ist notwendig, damit die Kuvertüre beim Schließen nicht einsinkt.

Zum Verschließen der Pralinen die Kuvertüre nochmals auflösen und mit einem kleinen Löffel über die Füllung geben. Durch leichtes Klopfen der Kapseln verläuft die Kuvertüre und die Pralinen sind perfekt verschlossen.

Für die Garnitur den Fondant mit einigen Tropfen Wasser ganz leicht erwärmen (ca. 20 Grad), in eine Spritztüte füllen und weiße Tropfen auf die Kuvertüre spritzen. Den restlichen Fondant mit der Eigelbfarbe färben und ebenfalls aufspritzen.

Walnuß-Buttermarzipan-Pralinen

Zutaten:
300 g Rohmarzipanmasse
80 g Butter
80 g Staubzucker
1 TL Rum
ca. 75 halbe Walnüsse
Kuvertüre zum Überziehen
(Verbrauch ca. 280 g –
empfohlene Menge zum
Auflösen ca. 800 g)

Ergibt ca. 75 Stück

Auf der Arbeitsplatte Rohmarzipanmasse, Butter, Staubzucker und Rum zu einer glatten Masse verarbeiten.
Diese Buttermarzipanmasse mit Staubzucker in kleinen Mengen ca. 1 cm dick ausrollen. Mit einem ovalen Ausstecher (Ø 3 x 2 cm) evtl. auch mit einem runden Ausstecher (Ø 3 cm) ausstechen und auf Backtrennpapier legen. Das Marzipan immer wieder ausrollen, bis es aufgearbeitet ist. Mit einem Pinsel die Oberfläche leicht mit etwas Alkohol, z. B. Rum oder Cointreau, abtupfen und eine halbe Walnuß auflegen und festdrücken. Diese Feuchtigkeit schafft eine gute Verbindung zwischen dem Marzipan und der Walnuß.
Zartbitter-Kuvertüre fein hacken und in einer Kasserolle im Wasserbad auflösen. Die Praline auf eine Pralinengabel setzen und bis zur Walnuß in die Kuvertüre tauchen. Am Kesselrand abstreifen und auf Backtrennpapier setzen.

Betthupferl-Nüßchen

Zutaten:
160 Haselnüsse
400 g Marzipan

Zum Karamelisieren:
100 g Zucker
1/2 TL Butter

Pralinencreme ohne Alkohol:
60 ml Sahne
120 g weiße Kuvertüre

Pralinencreme mit Alkohol:
50 ml Sahne
140 g weiße Kuvertüre
30 ml Rum, 54%

500 g Nougat
Vollmilch-Kuvertüre
(Verbrauch ca. 260 g –
empfohlene Menge zum
Auflösen ca. 650 g)

Ergibt ca. 80 Stück

Ganze Haselnüsse kräftig rösten und die Schale abreiben. Die Hälfte der Haselnüsse für die Garnitur im Ofen heiß halten.
Zucker in der Kasserolle schmelzen, die Butter zugeben und die Nüsse darin wenden. Auf einem Backblech verteilen, die Nüsse sollten einzeln liegen.
Die Sahne in der Kasserolle aufkochen, weiße Kuvertüre darin auflösen (werden die Pralinen mit Alkohol gemacht, diesen gleich zugeben).
Marzipan ca. 5 mm dick ausrollen und ausstechen (glatter Ausstecher, 3 cm ø).
Die abgekühlte Pralinenmasse glattrühren und mit einem Spritzbeutel mit Lochtülle Größe 5 in die Mitte der Marzipanplätzchen je einen Tupfen spritzen. Je eine Haselnuß aufsetzen und leicht andrücken.
Den Nougat in einer Kasserolle im Wasserbad anwärmen und glattrühren. Er darf nicht zu warm werden, damit er beim Spritzen die Form behält. Mit einem Spritzbeutel mit großer Lochtülle Nougat als Kugel darüberspritzen.
Vollmilch-Kuvertüre im Wasserbad auflösen und die Pralinen mit einer Gabel in die flüssige Kuvertüre tauchen.
Die karamelisierte Haselnuß aufsetzen.

Pilatusspitzen

Zutaten:
**Weiße Spitzen
(Trüffelmasse):**
350 g weiße Kuvertüre
150 ml Sahne
fein gehackte Pistazien

Vollmilchspitzen:
300 g Vollmilch-Kuvertüre
150 ml Sahne
ca. 60 g Pinienkerne

Bittere Spitzen:
300 g bittere Kuvertüre
150 ml Sahne
Krokantstreusel

Zum Überziehen:
Weiße Vollmilch- oder
Zartbitter-Kuvertüre
(Verbrauch je Sorte ca. 180 g
– empfohlene Menge zum
Auflösen ca. 600 g)

Ergibt ca. 50 Stück pro Sorte

Kuvertüre fein hacken und flüssige Sahne in der Kasserolle aufkochen. Von der Feuerstelle nehmen, die gehackte Kuvertüre einstreuen. Kräftig durchrühren, bis sich die Kuvertüre auflöst, und abkühlen lassen.
Die Pinienkerne für die Vollmilchspitzen in einer Pfanne leicht anrösten.
Je nach Sorte weiße, Vollmilch- oder Zartbitter-Kuvertüre in einer Kasserolle im Wasserbad erwärmen.
Auf ein Backtrennpapier etwas Kuvertüre geben und mit der Palette glattstreichen, so daß eine Fläche von ca. 30 cm x 35 cm Größe entsteht. Kurz bevor die Kuvertüre erstarrt, mit einem glatten Ausstecher (∅ 3 cm) Plättchen im kleinen Abstand ausstechen, aber nicht vom Papier ablösen. Auf die fest sitzenden Plättchen läßt sich die Trüffelmasse bedeutend leichter aufspritzen.

Vor dem Festwerden die Trüffelmasse mit dem Handbesen glattrühren und in einen Spritzbeutel mit Sterntülle Größe 9 füllen. Tupfen auf die Plättchen spritzen und spitzenförmig nach oben ziehen. Auf die Vollmilchspitzen die abgekühlten Pinienkerne legen.
Nach ca. einer Stunde, je nach Zimmertemperatur, ist die Trüffelmasse fest. Notfalls kurz in den Kühlschrank stellen. Mit einer Palette die Pralinen vom Backtrennpapier lösen.
Die Kuvertüre auflösen und die weißen und bitteren Spitzen mit der Pralinengabel ganz hineintauchen; auf Trennpapier setzen und Pistazien oder Krokant aufstreuen.
Die Vollmilchspitzen nur bis zum Rand der Pinienkerne in die Kuvertüre tauchen.

Himmel und Hölle

Williams Trüffelcreme:
200 ml Sahne
550 g Zartbitter-Kuvertüre
120 ml Birnengeist

Zum Überziehen:
Zartbitter-Kuvertüre*
Kakaopulver

Oder
Calvados Trüffelcreme:
200 ml Sahne
550 g Vollmilch-Kuvertüre
120 ml Calvados

Zum Überziehen:
Vollmilch-Kuvertüre*
Puderzucker

Ergibt je 60–65 Stück

* *Verbrauch je Sorte ca. 220 g – empfohlene Menge zum Auflösen ca. 600 g*

Sahne in einer Kasserolle aufkochen, Kuvertüre fein hakken und darin auflösen. Den Birnengeist oder Calvados unterrühren und auskühlen lassen.
Die Trüffelmasse mit dem Rührgerät schaumig rühren. Mit einem Spritzbeutel mit großer Sterntülle Größe 15 längliche Pralinenformen (siehe Abbildung) auf Backtrennpapier spitzen und in den Kühlschrank stellen.
Die Kuvertüre für den Überzug fein hacken und im Wasserbad auflösen.
Mit einer Pralinengabel die einzelnen Stücke in die Kuvertüre tauchen, etwas ablaufen lassen und je nach Sorte in Puderzucker oder Kakaopulver wälzen.
Vorzüglich schmeckt diese Praline auch, wenn sie mit Mokka-Kuvertüre und Kaffeelikör (Tia Maria) hergestellt wird.

Nuß-Trauben-Pastete

Zutaten:
200 g Marzipan
100 g Sultaninen
80 ml Rum
120 ml Sahne
250 g Zartbitter-Kuvertüre

Zum Überziehen:
88 Haselnüsse
Zartbitter-Kuvertüre
(Verbrauch: ca. 160 g –
empfohlene Menge zum
Auflösen: ca. 500 g)

Ergibt 11 Schnitten

Für diese Pralinenschnitte kann eine handelsübliche Aluform, leicht konisch, 9 cm breit, 23 cm lang und 3 cm hoch, verwendet werden.
Die ganzen Haselnüsse in einer Pfanne rösten und die Schalen abreiben.
Die Sultaninen in eine Kasserolle geben, mit Rum übergießen, heiß werden lassen, abdecken und zum Auskühlen beiseite stellen.
Kuvertüre fein hacken, Sahne in der Kasserolle aufkochen, die Kuvertüre darin auflösen und die Sultaninen mit dem Rum unterrühren.
Marzipan auf 18 cm x 23 cm ausrollen und halbieren. Einen Teil in die Form legen. Die Hälfte der Trüffelmasse auf das Marzipan geben und gleichmäßig verteilen. Den zweiten Marzipanstreifen auflegen und die restliche Masse darüberstreichen. Mit einem feuchten Messer 2 cm breite Streifen leicht andeuten. In die Mitte dieser Streifen hintereinander geröstete, geschälte Haselnüsse leicht eindrücken und kühl stellen.
Nach ca. 3 Stunden aus der Form nehmen und in Streifen schneiden.
Zartbitter-Kuvertüre fein hacken und in der Kasserolle im Wasserbad auflösen. Mit der Gabel die Pralinenschnitten von unten einstechen, in die Zartbitter-Kuvertüre tauchen, abtropfen lassen und auf Backtrennpapier setzen.

Kirsch-Walnuß-Pastete

Zutaten:
80 g Marzipan
150 g Nougat
70 g Amarenakirschen

Trüffelmasse:
90 ml Sahne
190 g Zartbitter-Kuvertüre
30 ml Kirschwasser

Zum Überziehen:
30 halbe Walnüsse
Zartbitter-Kuvertüre
(Verbrauch: ca. 150 g –
empfohlene Menge zum
Auflösen: ca. 500 g)

Ergibt 10 Schnitten

Für diese Pralinenschnitte kann eine handelsübliche Aluform, leicht konisch, 9 cm breit, 23 cm lang und 3 cm hoch, verwedet werden.
Das Marzipan ausrollen und in die Form legen.
Bittere Kuvertüre fein hacken, Sahne in der Kasserolle aufkochen, Kuvertüre darin auflösen und Kirschwasser unterrühren.
Nougat in einer Schüssel glattrühren, gegebenenfalls etwas erwärmen, damit es geschmeidig wird, und auf das Marzipan streichen. Die Amarenakirschen abtropfen lassen und auf dem Nougat verteilen. Die Pralinencreme darüberstreichen. Mit einem feuchten Messer in 10 Streifen einteilen, je 2 1/2 cm breit. Auf jeden Streifen hintereinander drei halbe Walnüsse legen.
Ca. 3 Stunden kühlstellen.

Die gekühlte Schnitte aus der Form nehmen und schneiden.
Zartbitter-Kuvertüre fein hacken und in der Kasserolle im Wasserbad auflösen. Die Schnitte mit einer Pralinengabel in die Kuvertüre tauchen, abtropfen lassen und auf Backtrennpapier setzen.

Geburtstagstörtchen

Zutaten:
40 g Haselnüsse
300 g Marzipan

Für die Pralinencreme:
100 ml flüssige Sahne
260 g Vollmilch-Kuvertüre
80 ml Kirschwasser
12 Amarenakirschen

Zum Überziehen:
Zartbitter-Kuvertüre
(Verbrauch: ca. 80 g –
Empfohlene Menge
zum Auflösen: 300 g)

Die Zartbitter-Kuvertüremenge zum Bestreichen der Marzipanteile bzw. zum Ziehen der Fäden ist so gering und kann deshalb von der aufgelösten Kuvertüre weggenommen werden.

Ergibt 4 Stück

Diese kleine Pralinentorte hat einen Durchmesser von 8 cm; es kann aber auch ein Herzausstecher in der gleichen Größe verwendet werden.
Die ganzen Haselnüsse in einer Pfanne auf der Feuerstelle ohne Fett anrösten.
Marzipan ausrollen und 12 Teile mit einem Durchmesser von ca. 8 cm oder in Herzform ausstechen.
Sahne in einer Kasserolle erhitzen, bis sie kocht. Vollmilch-Kuvertüre fein schneiden und darin auflösen; das Kirschwasser unterrühren.
Zartbitter-Kuvertüre fein hacken und im Wasserbad auflösen. Vier Marzipanteile auf ein Backtrennpapier legen und mit dem Pinsel mit Kuvertüre bestreichen. Nach dem Abtrocknen drehen, damit die Kuvertüre unten ist.
Die ausgekühlte Kirschwasser-Trüffelcreme mit dem Rührgerät schaumig rühren. In einen Spritzbeutel mit Sterntülle Nr. 6 füllen.
Zuerst um den Rand, dann flächendeckend einen kleinen Tupfen neben den anderen spritzen.
Die Haselnüsse mit dem Wellholz grob zerstoßen, auf die Trüffelmasse streuen und leicht andrücken. Einen Pinsel in die Zartbitter-Kuvertüre tauchen und kräftig Fäden kreuz und quer über die Haselnüsse ziehen. Die zweite Marzipanplatte auflegen. Nochmals Trüffelmasse aufspritzen und je 6 halbe Amarenakirschen auflegen. Mit dem Pinsel wie oben Kuvertürefäden darüberziehen. Die dritte Marzipanplatte auflegen.
Auf ein Kuchengitter legen und die Kuvertüre darübergießen und glattstreichen. Auf Backtrennpapier setzen.
Diese Pralinentörtchen (oder -herzen) eignen sich sehr gut als kleines Geschenk: Entsprechend für den Anlaß verziert, mit einem Blumenkränzchen, kleinen Herzen oder mit einer Kerze. Als Tischkärtchen in dieser Größe oder kleiner, mit Namen zum Mitnachhausenehmen.
Die Pralinentörtchen sind einige Wochen haltbar.

BÜCHER FÜR FEINSCHMECKER

Die Tricks und Tips der Köche
Von Hans-Peter Matkowitz und
Juliana Raskin-Schmitz
Basiswissen, Kunstgriffe und Tricks,
um noch besser zu kochen.
Erste Hilfe für die Küche mit über
2000 aktuellen Profi-Tips, illustriert
mit Arbeitsfotos. 180 Seiten mit über
100 Farbfotos.
ISBN 3-7750-0246-4

**Pilz-Delikatessen
Rezepte für Sammler und
Genießer**
Von Luce Höllthaler
Rezepte für rund 40 Pilzsorten und
praxisorientierte Tips für das
Sammeln und Vorbereiten, für das
Genießen und die Vorratshaltung.
79 Seiten, 30 Farbfotos.
ISBN 3-7750-0257-X

Feines aus dem Schnellkochtopf
Von Albert Bouley
Mit schonender Zubereitung raffiniert kochen und Zeit sparen! Albert
Bouleys Ideen versprechen kulinarische Erfolgserlebnisse zuhause:
Von exquisiten Vorspeisen bis zu
zarten Desserts – alles gelingt.
69 Seiten mit 28 Farbfotos.
ISBN 3-7750-0239-1

Raffiniertes aus einem Topf
Von Hans Peter Bleuel
Außergewöhnliches servieren und
trotzdem Zeit haben für Plaudereien
im Gästekreis. Erstklassige Rezepte
der internationalen Küche, in
e i n e m Kochgeschirr zubereitet
und serviert.
157 Seiten mit rund 30 Farbfotos.
ISBN 3-7750-0196-4

Antipasti und Hors d'Oeuvres
Von Hans Peter Bleuel
Pikantes für's Büffet oder die rasche
Einladung: Meeresfrüchte, Gemüse
und Fleisch vom Feinsten. Die
attraktivsten Rezepte der internationalen Küche. Für jeden Gaumen
das Beste.
120 Seiten mit 24 Farbtafeln.
ISBN 3-7750-0211-1

Snacks
Von P. Frese und U. Metzner
Rezepte der Avantgarde, serviert
von 16 kreativen Köchen. Klein,
aber fein – ein Fest für die Sinne.
Canapés und Medaillons, raffinierte
Kompositionen mit edlen Zutaten,
bodenständige Spezialitäten.
175 Seiten mit 64 Farbfotos.
ISBN 3-7750-0235-9

Hädecke-Bücher sind überall im Fachhandel erhältlich. Info bei:

 HÄDECKE VERLAG · 71256 WEIL DER STADT

BÜCHER FÜR FEINSCHMECKER

Hiddensee
Reiseskizzen und Rezepte aus Pommern von Edith Gerlach
Ein Loblied auf eine der reizvollsten Inseln in der Ostsee. Landschaftsaufnahmen, verknüpft mit appetitanregenden Originalrezepten der Ostseeinsel Hiddensee. 88 Seiten mit 39 Farbfotos und 6 Zeichnungen.
ISBN 3-7750-0217-0

Spreewald
Reiseskizzen und Rezepte aus der grünen Küche von Edith Gerlach
Spezialitäten, die fast in Vergessenheit geraten wären. Ein Bilderbogen, der Erinnerungen weckt, mit Rezepten einer unverfälschten Naturküche. 94 Seiten mit rund 100 Farbfotos und Zeichnungen.
ISBN 3-7750-0224-3

Die Küchen Amerikas
Von Horst Scharfenberg
Lukullische „Highlights" der Metropolen und Kochtraditionen dieses weiten Landes. Hier kann der Gourmet Neuland entdecken! Raffinierte Rezepte und ungewöhnliche Kombinationen! 220 Seiten mit rund 60 Farbfotos.
ISBN 3-7750-0207-3

Sterneküche
Die schönsten Rezepte, Tricks und Tips der Sterneköche A. Bouley, J. Lafer, A. Klink und H. Wohlfahrt
Neue Köstlichkeiten für jeden Monat im Jahr. Diese Fundgrube macht Lust auf's Ausprobieren und Schnuppern bei den Profis!
135 Seiten mit rund 52 Farbfotos.
ISBN 3-7750-0234-0

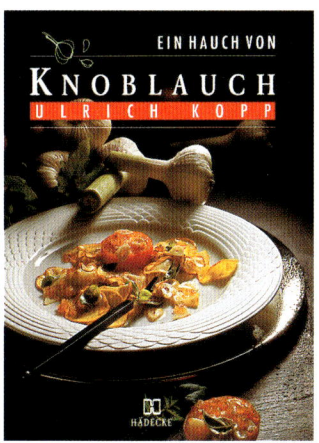

Ein Hauch von Knoblauch
Von Ulrich Kopp
Die Lieblingsknolle von Spitzenköchen veredelt jedes Rezept. Kulinarische Überraschungen, die nach Urlaub schmecken. Das Bildkochbuch für alle Knoblauchfans – ein Genuß für Gaumen und Auge.
135 Seiten mit 72 Farbfotos.
ISBN 3-7750-0241-3

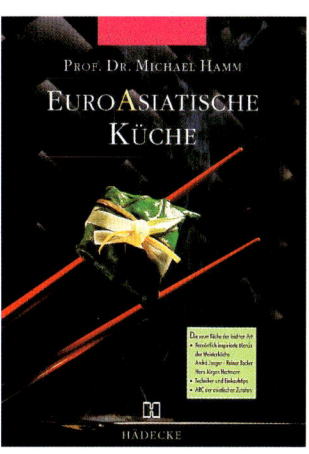

EuroAsiatische Küche
Vorgestellt von Prof. Dr. Michael Hamm
Die neue Küche der leichten Art. Asiatische Kochkultur und europäische Rezepte bieten einen Hochgenuß für die Sinne und unsere Gesundheit.
151 Seiten mit über 50 Farbfotos.
ISBN 3-7750-0206-5

Hädecke-Bücher sind überall im Fachhandel erhältlich. Info bei:

 HÄDECKE VERLAG · 71256 WEIL DER STADT

BÜCHER FÜR FEINSCHMECKER

Die Bücher von Karl Neef

36 Festtagstorten
Sahnig, cremig, fruchtig, frisch: Problemlos Torten backen nach klaren Schritt-für-Schritt-Fotos und detaillierten Beschreibungen. Nach Profirezepten selbst backen. Ein „Sahnestückchen" für Backbegeisterte. 94 Seiten mit 225 Farbfotos.
ISBN 3-7750-0233-2

Backen pikant & würzig
Pikante Kuchen und herzhafte Häppchen. Verlockende Rezepte, abwechslungsreich und unkompliziert, Grundrezepte mit farbigen Bildanleitungen, damit jedes Rezept garantiert gelingt.
112 Seiten mit 50 Farbfotos.
ISBN 3-7750-0204-9

52 Sonntagskuchen
Die schönsten Kuchen rund ums Jahr, meisterhaft fotografiert und mit Schritt-für-Schritt-Fotos ganz genau beschrieben. Alle Rezepte sind mehrfach im Haushalt getestet. 120 Seiten mit 250 Farbfotos.
ISBN 3-7750-0179-4

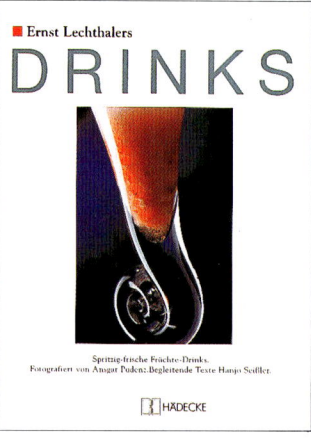

Ernst Lechthalers Drinks Vitale
Alkoholfrei genießen: Frischgepreßte Früchte, Gemüse und Kräuter sind die Basis für köstliche Kreationen mit Säften, Milch und Mineralwasser.
120 Seiten mit 130 Farbfotos von Ansgar Pudenz.
ISBN 3-7750-0240-5

Ernst Lechthalers Drinks
Spritzig-frische Früchtedrinks mit wenig Alkohol und heimischen und exotischen Früchten. Die feine Abstimmung der alkoholischen Aromen auf die Früchte bereitet höchsten Genuß. 110 Seiten mit 80 Fotos von Ansgar Pudenz.
ISBN 3-7750-0231-6

Die neue Schwäbische Küche
Von Josef Thaller
Spitzenköche laden zu Tisch und servieren eine leichte, verfeinerte Regionalküche mit rund 350 phantasievollen Originalrezepten aus dem bekannten Stuttgarter Kochkolleg. 159 Seiten mit 26 Farbfotos.
ISBN 3-7750-0184-0

Hädecke-Bücher sind überall im Fachhandel erhältlich. Info bei:

 HÄDECKE VERLAG · 71256 WEIL DER STADT